# 50 recettes de RIZ



ÉDITIONS
FRANCE
LOISIRS

123, boulevard de Grenelle, Paris
www.france-loisirs.com



Textes et stylisme : Ulrike Skadow
Photos : Nicolas Leser
Conception graphique et réalisation : Guylaine Moi
Secrétariat d'édition : Catherine Duras

ISBN : 978-2-298-00917-0
N° Édition : 52600
Dépôt légal : novembre 2008

# Sommaire

# Introduction

Après les pâtes et la pomme de terre, le riz est l'aliment le plus consommé dans le monde. Il en existe de nombreuses variétés : riz rond, riz à grain long, riz sauvage et même riz noir !

Crème de potiron au riz sauvage frit ? Pilaf de riz au tourteau ? Risotto aux cèpes ? ... à vous de choisir parmi les 50 recettes de ce petit ouvrage qui vous permettra de découvrir ou de redécouvrir cette céréale cultivée depuis plus de 2000 ans.

En entrée sous forme de salade, en accompagnement de viandes ou de poissons, en dessert même, le riz s'accommode à toutes les sauces...

S'il vous reste du riz cuit d'un précédent repas, utilisez-le pour réaliser un excellent chou farci ou des petits légumes farcis, rien ne se perd !

Surprenez vos invités, préparez-leur un plov au mouton ou une soupe de moules au riz et aux algues, un biryani indien ou encore des sushis, ils adoreront.

Les enfants ne sont pas oubliés, faites-leur goûter les croquettes de riz à la mozzarella, le gâteau de riz au caramel ou la verrine de riz aux fraises, ils en redemanderont !

Avec cet ouvrage, vous ne serez plus à court d'idées !

**Les recettes sont prévues pour 4 personnes sauf indication contraire.**

# Verrines de riz aux moules et au curry

**Préparation : 15 min • Cuisson : 25 min environ • Réfrigération : 2 h • 600 g de moules de bouchot • 80 g de riz pour risotto (riz rond ou arborio) • 40 cl de bouillon de légumes • 2 échalotes • 1 gousse d'ail • 1/2 botte d'aneth • 1 cuil. à café de curry • 1 cuil. à soupe d'huile d'olive • 1 cuil. à soupe de jus de citron • 0,5 g (1/2 sachet) d'agar-agar • Sel, poivre**

**1** Faites chauffer le bouillon de légumes. Épluchez les échalotes et l'ail et hachez-les. Réservez une échalote et faites revenir le reste avec l'huile d'olive dans une sauteuse. Ajoutez le riz préalablement rincé et mélangez pendant 1 à 2 min.

**2** Ajoutez le curry, du sel, du poivre et la moitié du bouillon. Laissez cuire à petit feu jusqu'à ce que le liquide soit absorbé. Versez alors le bouillon restant et continuez la cuisson pendant environ 15 min. Le riz doit avoir absorbé le bouillon mais rester légèrement ferme.

**3** Pendant ce temps, rincez les moules sous l'eau et jetez celles qui sont ouvertes. Versez les moules dans une casserole, ajoutez l'échalote restante, couvrez et portez à feu vif. Remuez deux ou trois fois et retirer du feu dès que toutes les moules sont ouvertes.

**4** Jetez les moules dans une passoire posée sur une casserole pour récupérer leur jus. Dans la casserole, ajoutez le jus de citron et portez à ébullition. Versez l'agar-agar en remuant et laissez cuire 2 min. Enlevez du feu et laissez tiédir.

**5** Décoquillez les moules et mettez-les dans leur jus. Ajoutez du poivre, l'aneth lavé et finement ciselé et mélangez.

**6** Répartissez le riz au curry dans 4 verres en tassant légèrement et ajoutez les moules par dessus. Placez les verrines dans le réfrigérateur pour 2 h, pour que la gelée prenne.

**Notre conseil :** L'agar-agar est une algue qui donne une gelée 100 % naturelle. Vous la trouvez dans les magasins de produits bio sous forme de poudre ou de feuilles.

# Tomates farcies au riz et aux câpres

**Préparation : 15 min • Cuisson : 20 min environ • 4 tomates moyennes mûres • 60 g de riz long • 2 échalotes • 4 branches d'estragon • 4 branches de persil • 1 botte de ciboulette • 3 cuil. à soupe d'huile d'olive • Jus de 1 citron • 3 cuil. à soupe de câpres • Sel, poivre**

1 Faites cuire le riz à l'eau bouillante salée environ 20 min, il doit rester ferme. Égouttez le riz et laissez-le refroidir.

2 Lavez les tomates et coupez le haut pour faire des chapeaux. Videz les tomates à l'aide d'une petite cuillère, salez l'intérieur et retournez-les sur du papier essuie-tout pour qu'elles rendent leur eau. Épluchez les échalotes et hachez-les finement. Lavez et séchez les fines herbes et ciselez-les.

3 Versez le jus de citron dans un saladier, ajoutez du sel et du poivre et mélangez bien. Ajoutez l'huile d'olive, les échalotes, le riz, les câpres et les fines herbes dans le saladier et mélangez le tout. Vérifiez l'assaisonnement. Farcissez les tomates de riz, posez les chapeaux et servez frais.

# Champignons farcis au riz sauvage

**Préparation : 15 min • Cuisson : 20 min environ • 8 gros champignons de Paris • 150 g de riz sauvage cuit • 2 échalotes • 100 g de foies de volaille • 1/2 cuil. à café d'épices douces (cannelle, coriandre, muscade, girofle) • 2 branches d'estragon • 4 branches de persil • 2 cuil. à soupe d'huile d'olive • Sel, poivre • 2 cuil. à soupe de parmesan râpé**

1 Nettoyez les champignons. Gardez les têtes entières et hachez les pieds. Épluchez et hachez les échalotes. Nettoyez et hachez les foies de volaille.

2 Dans une poêle, faites revenir les échalotes et les pieds de champignons dans 1 cuillerée à soupe d'huile d'olive. Ajoutez les foies de volaille ainsi que toutes les épices. Mélangez et laissez cuire à petit feu pendant 10 min, en remuant de temps en temps.

3 Préchauffez le four à th. 7. Hachez les fines herbes. Mélangez les foies de volaille, les herbes et le riz. Huilez un grand plat à four.

4 Farcissez les têtes de champignon du mélange au riz et posez-les dans le plat. Saupoudrez de parmesan et arrosez avec l'huile d'olive restante. Faites cuire 15 min à four chaud. Servez chaud ou tiède, accompagné d'une salade.

# Feuilles de vigne farcies
## (dolmathakia)

**Préparation : 15 min • Cuisson : 1 h 15 • 16 feuilles de vigne en saumure • 90 g de riz à grains longs • 1 petit oignon • 1 gousse d'ail • 30 g de pignons • 30 g de raisins de Corinthe • 1/2 botte d'aneth • 4 branches de menthe • 1/4 de cuil. à café de cumin • 4 cuil. à soupe d'huile d'olive • Jus de 1/2 citron • 3/4 l de bouillon de légumes • Sel, poivre**

**1** Rincez soigneusement les feuilles de vigne et égouttez-les sur un torchon propre. Épluchez l'oignon et l'ail et hachez-les. Rincez les raisins sous l'eau chaude et égouttez-les.

**2** Dans une poêle, faites blondir l'ail et l'oignon avec la moitié de l'huile d'olive. Ajoutez le riz préalablement rincé et laissez revenir 4 min en remuant. Ajoutez alors les raisins, les pignons et 10 cl d'eau. Laissez cuire à petit feu en remuant de temps en temps, jusqu'à ce que l'eau soit absorbée. Retirez du feu et laissez refroidir.

**3** Lavez, séchez et hachez finement l'aneth et la menthe. Ajoutez les fines herbes, le cumin ainsi que du sel et du poivre au riz et mélangez bien. Posez 2 cuillerées à café de riz sur la base chaque feuille de vigne, côté lisse en dessous. Repliez les côtés vers l'intérieur et enroulez les feuilles vers la pointe.

**4** Placez les dolmathakia au fur et à mesure dans une casserole à fond épais et arrosez-les du jus de citron et de l'huile d'olive restante. Couvrez les feuilles de vigne de bouillon et faites cuire à petit feu pendant 1 h. Laissez refroidir les dolmathakia dans le jus de cuisson. Servez froid.

# Tapas de paella froide

**Préparation : 15 min • Cuisson : 20 min environ** • 12 petites tranches de chorizo • 12 crevettes moyennes crues • 2 poivrons rouges • 60 g de riz long • 12,5 cl d'eau chaude • 2 g de safran • 2 tomates • 1 oignon • 1 gousse d'ail • 4 cuil. à soupe d'huile d'olive • Jus de 1/2 citron • Sel, poivre

**1** Épluchez l'oignon et l'ail et hachez-les. Ébouillantez les tomates, pelez et épépinez-les et coupez-les en petits morceaux. Rincez le riz et égouttez-le. Décortiquez les crevettes.

**2** Faites chauffer 2 cuillerées à soupe d'huile d'olive dans une grande poêle et faites-y revenir les tranches de chorizo et les crevettes des deux côtés pendant 3 min. Réservez-les.

**3** Versez 1 cuillerée à soupe d'huile d'olive dans la même poêle et faites-y blondir le hachis d'ail et d'oignon. Ajoutez le riz et laissez cuire en remuant jusqu'à ce que le riz soit translucide. Faites dissoudre le safran dans un peu d'eau chaude et versez sur le riz.

**4** Ajoutez les tomates, du sel, du poivre et laissez cuire à petit feu pendant environ 20 min en remuant de temps en temps.

**5** Lavez les poivrons, coupez-les en deux et éliminez les peaux blanches et les graines. Découpez les poivrons en carrés de 2 à 3 cm de côté, de façon à obtenir 24 carrés. Faites chauffer le reste d'huile d'olive dans une poêle et faites-y revenir les carrés de poivron pendant 10 min à feu moyen. Laissez refroidir.

**6** Quand le riz a absorbé l'eau, retirez-le du feu et ajoutez le jus de citron. Mélangez et vérifiez l'assaisonnement. À l'aide d'une petite cuillère, posez des petit tas de riz sur chaque carré de poivron en appuyant légèrement. Posez sur la moitié des carrés 1 tranche de chorizo, sur l'autre moitié une crevette. Maintenez le tout avec des piques en bois. Disposez-les sur un grand plat et servez frais.

# Salade de riz complet aux fruits secs

**Préparation : 15 min • Cuisson : 30 min environ • Repos : 1 h • 250 g de riz complet • 4 oignons nouveaux • 8 dattes • 6 abricots • 60 g de raisins secs • Jus de 1 orange • 60 g de noisettes • 60 g de noix • 1 cuil. à soupe de vinaigre balsamique • 3 cuil. à soupe d'huile de noisette • 1 cuil. à soupe d'huile neutre • ½ botte de persil • Sel, poivre**

1 Dénoyautez les dattes et coupez-les en morceaux ainsi que les abricots. Mettez les dattes, les abricots et les raisins dans un bol et arrosez du jus d'orange.
2 Faites cuire le riz à l'eau bouillante salée le temps indiqué sur l'emballage, en veillant à ce qu'il reste un peu ferme. Égouttez-le et laissez-le tiédir.
3 Dans un saladier, mélangez le vinaigre, le sel, le poivre et les deux huiles. Épluchez et hachez les oignons avec leurs tiges et ajoutez-les dans la vinaigrette. Ajoutez le riz cuit, les fruits secs avec le jus de trempage et le persil. Mélangez bien et laissez reposer pendant 1 h avant de servir.

# Salade de riz sauvage

**Préparation : 15 min • Cuisson : 50 min • Repos : 1 h • 250 g de riz sauvage • 2 échalotes • 2 cm de gingembre frais • 1 petite mangue • 1 avocat • 1 cuil. à soupe de miel • jus de 1/2 citron • 2 cuil. à soupe d'huile d'olive • 40 g de noix de coco en copeaux • Sel, poivre**

1 Rincez le riz et mettez-le dans une casserole avec du sel et 1 litre d'eau. Amenez à ébullition, puis baissez le feu au maximum et laissez cuire à feu doux, à couvert pendant 45 à 50 min. Égouttez le riz et laissez-le refroidir.
2 Pelez et hachez finement les échalotes. Épluchez et râpez le gingembre. Pelez l'avocat et la mangue, enlevez le noyau et coupez la chair en dés.
3 Dans un saladier, mélangez le jus de citron, du sel, du poivre, le miel et l'huile. Ajoutez les échalotes, le gingembre, le riz et les fruits dans le saladier et mélangez bien. Placez la salade au frais pour 1 h. Servez parsemé de copeaux de noix de coco.

# Croquettes de riz à la mozzarella (Suppli)

**Préparation : 15 min • Cuisson : 25 min environ** • 250 g de riz rond • 1 oignon moyen • 50 g de beurre • 625 ml de bouillon de légumes • 100 g de parmesan râpé • 12 feuilles de basilic • 2 boules de mozzarella • 1 gros œuf • 100 g de chapelure • Sel, poivre • Huile pour la friture

**1** Préparez d'abord un risotto : portez le bouillon à ébullition et maintenez-le chaud. Épluchez et hachez l'oignon. Faites chauffer la moitié du beurre dans une poêle à fond épais et faites-y blondir l'oignon. Ajoutez le riz préalablement rincé et laissez-le devenir translucide tout en remuant.

**2** Versez une louche de bouillon chaud et laissez cuire à feu moyen jusqu'à ce que tout le liquide soit absorbé. Continuez à verser le bouillon louche par louche au fur et à mesure que le riz l'absorbe, cela prendra 15 à 20 min.

**3** Quand le riz est cuit mais encore ferme, retirez-le du feu. Salez, poivrez et ajoutez le reste de beurre, le parmesan et le basilic haché. Mélangez bien et laissez tiédir.

**4** Coupez la mozzarella en petits cubes. Battez l'œuf et mélangez-le au risotto. Versez la chapelure dans une assiette et faites chauffer l'huile de friture à 180 °C dans une casserole à bord haut (ou dans une friteuse).

**5** Prenez une cuillerée à soupe de riz dans la paume de votre main et enfoncez 2 ou 3 petits cubes de mozzarella au milieu. Roulez le riz en boule. Si le riz colle trop, mouillez vos mains sous l'eau froide. Passez la boule de riz dans la chapelure et répétez cette opération jusqu'à épuisement des ingrédients.

**6** Faites frire les boules de riz par petites quantités dans l'huile chaude, en les retournant pour qu'elles dorent uniformément. Au bout de 4 à 5 min, lorsqu'elles sont bien croustillantes, sortez-les à l'aide d'une écumoire et égouttez-les sur du papier absorbant. Servez chaud.

**Notre conseil :** Cette recette permet également d'accommoder un reste de risotto.

# Sushi à la seiche, au maquereau et au saumon

**Préparation : 20 min • Cuisson : 20 min environ • Pour 36 sushi :** 100 g de filet de saumon très frais sans peau ni arêtes • 100 g de filet de maquereau très frais sans peau ni arêtes • 100 g de blanc de seiche très frais nettoyé • 1/2 concombre • 300 g de riz rond japonais • 2 cuil. à soupe de vinaigre de riz • 1 cuil. à soupe de sucre glace • 3 feuilles de nori (algues) • wasabi (raifort vert) • Sel • **Matériel :** 1 tapis à sushi en bambou (makisu)

**1** Versez le riz dans un saladier, couvrez-le d'eau froide et mélangez avec les mains jusqu'à ce que l'eau soit trouble. Égouttez-le et renouvelez cette opération plusieurs fois, l'eau doit être claire. Égouttez le riz pendant 1 h.

**2** Mettez le riz dans une casserole avec 45 cl d'eau, couvrez et portez à ébullition. Laissez cuire 5 min à feu vif, puis baissez le feu et continuez la cuisson pendant 10 min, le riz doit avoir absorbé toute l'eau. Retirez la casserole du feu, couvrez d'un torchon propre et laissez reposer le riz 10 min.

**3** Dans un bol, versez le vinaigre, le sel et le sucre et mélangez pour bien les dissoudre. Versez le riz dans un plat creux et arrosez-le avec le vinaigre. Remuez délicatement le riz avec une spatule en séparant les grains sans les écraser.

**4** Coupez le saumon, le maquereau et la seiche en cubes réguliers de 1 cm de côté. Détaillez le concombre en bâtonnets de 1 cm de large et de 7 cm de long.

**5** Coupez les feuilles d'algues en deux. Placez le tapis à sushi sur le plan de travail et posez une demi-feuille de nori dessus. Déposez 2 à 3 cuillerées à soupe de riz sur l'algue et aplatissez-le avec les mains – humectées d'eau vinaigrée – en laissant une bande libre de 2 cm de large sur le bord le plus éloigné de la feuille.

**6** Étalez un peu de wasabi en traçant une ligne horizontale au milieu du riz et posez dessus les cubes de seiche. Soulevez le tapis et enroulez la feuille de nori en faisant en sorte que la partie supérieure se pose sur la bande libre, qui va fermer le rouleau.

**7** Coupez le rouleau en deux et chaque moitié en trois, pour obtenir 6 sushi. Procédez de la même façon avec le maquereau, le saumon et le concombre. Servez accompagné de wasabi, de sauce soja et de gingembre mariné.

# Crème de potiron au riz sauvage frit

**Préparation : 30 min • Cuisson : 45 min** • 800 g de potiron • 80 g de riz sauvage cuit • 1 oignon • 1 zeste d'orange non traitée • 10 cl de crème d'amandes (ou de crème fraîche) • 2 cuil. à soupe d'huile d'olive • 1 cuil. à soupe d'amandes en poudre • 4 pincées de cannelle • Sel, poivre

1 Lavez et épluchez le potiron puis coupez-le en gros morceaux. Épluchez et émincez l'oignon.

2 Faites chauffer 1 cuillerée à soupe d'huile d'olive dans une marmite. Ajoutez le potiron ainsi que l'oignon et faites revenir le tout pendant 5 min en remuant. Salez et poivrez.

3 Ajoutez le zeste d'orange et suffisamment d'eau pour juste couvrir le potiron. Couvrez et laissez mijoter pendant environ 25 min. Le potiron doit être tendre.

4 À l'aide d'une écumoire, sortez les morceaux de potiron, le zeste d'orange et l'oignon de la marmite et mettez le tout dans un récipient à bords hauts. Mixez avec un mixeur plongeant en ajoutant assez d'eau de cuisson pour obtenir une soupe fluide. Reversez la soupe dans une casserole et tenez au chaud.

5 Ajoutez la crème d'amandes, mélangez et rectifiez l'assaisonnement. Faites chauffer le reste d'huile d'olive dans une poêle. Ajoutez le riz cuit et faites-le frire pendant quelques minutes à feu assez vif. Au dernier moment, ajoutez l'amande en poudre et la cannelle. Mélangez et retirez du feu. Versez la soupe très chaude dans des bols et répartissez le riz frit par-dessus.

# Soupe au chou, au riz et au lard

**Préparation : 20 min • Cuisson : 1 h environ** • 1/2 chou vert • 100 g de riz long complet • 1 oignon • 2 clous de girofle • 1 poireau • 1 carotte • 300 g de lard fumé • 1 cuil. à soupe de saindoux • 1 bouquet garni • 3 branches d'estragon • 2 cuil. à soupe de persil ciselé • Sel, poivre

**1** Rincez le riz et versez-le dans une casserole. Ajoutez 1 l d'eau, salez et amenez à ébullition. Baissez ensuite le feu et laissez mijoter pendant 45 min. Égouttez et réservez.
**2** Supprimez les feuilles extérieures du chou et coupez-le en deux. Enlevez le trognon et recoupez le chou en lanières. Faites blanchir les lanières pendant 2 min à l'eau bouillante salée puis égouttez-les.
**3** Épluchez l'oignon et piquez-le avec les clous de girofle. Épluchez, nettoyez et émincez le poireau. Épluchez la carotte et coupez-la en rondelles. Enlevez la couenne du lard et coupez-le en petits morceaux.
**4** Mettez le saindoux et les lardons dans une marmite et posez sur feu moyen. Laissez fondre les lardons pendant 3 min. Ajoutez le poireau et la carotte et laissez revenir le tout pendant 4 min en remuant. Ajoutez ensuite le chou et laissez revenir encore 2 min.
**5** Versez 2 litres d'eau froide dans la marmite, puis ajoutez l'oignon, le bouquet garni, l'estragon, du sel et du poivre. Amenez à ébullition, puis baissez le feu et laissez mijoter 45 min à couvert. Ajoutez le riz dans la marmite et faites cuire encore 10 min. Servez aussitôt en parsemant la soupe de persil.

# Soupe de moules au riz et aux algues

**Préparation : 15 min • Cuisson : 13 min environ** • 1 kg de moules de bouchot • 60 g de riz long • 2 échalotes • 1 carotte • 20 g de beurre • 4 cuil. à soupe d'algues en paillettes • 30 cl de crème de soja • 1 cuil. à soupe de sauce soja • Sel, poivre

1 Faites cuire le riz à l'eau bouillante salée le temps indiqué sur l'emballage mais en le gardant un peu ferme. Égouttez et réservez.

2 Nettoyez les moules sous un filet d'eau en les grattant à l'aide d'un petit couteau. Épluchez et hachez les échalotes et la carotte.

3 Dans une marmite, faites revenir ce hachis pendant 4 min avec le beurre. Ajoutez les moules et faites-les ouvrir à feu vif en couvrant la marmite. Remuez 2 ou 3 fois avec une spatule et retirez la marmite du feu dès que toutes les moules sont ouvertes.

4 Sortez les moules de la marmite à l'aide d'une écumoire, laissez-les tiédir puis décoquillez-les. Mesurez le jus de cuisson des moules et complétez avec de l'eau pour obtenir 40 cl.

5 Versez ce liquide dans une casserole et ajoutez la crème de soja et la sauce soja. Poivrez mais ne salez que si nécessaire, le jus des moules étant salé. Portez à ébullition, ajoutez les paillettes d'algues et laissez mijoter pendant 5 min. Ajoutez le riz et les moules, mélangez et enlevez du feu au bout d'une minute. Servez chaud.

**Notre conseil :** Vous trouverez les algues en paillettes et la crème de soja dans les boutiques bio.

# Soupe au pistou et au riz rouge de Camargue

**Préparation :** 30 min • **Cuisson :** 1 h 15 environ • 300 g de haricots blancs frais écossés • 100 g de riz rouge de Camargue • 1 poireau • 1 courgette • 150 g de haricots verts • 2 pommes de terre moyennes • 2 carottes • 3 belles tomates • 1 bouquet garni • Sel, poivre • **Pour le pistou :** 1 petite botte de basilic • 3 gousses d'ail • 1 verre d'huile d'olive • 6 cuil. à soupe de parmesan râpé

1 Mettez les haricots blancs dans une marmite avec 2,5 l d'eau froide. Ajoutez le bouquet garni, salez, poivrez et couvrez. Amenez à ébullition et laissez cuire à feu doux pendant 30 min.

2 Rincez le riz et faites-le cuire 30 min à l'eau bouillante salée. Égouttez le riz et réservez. Équeutez et effilez les haricots verts, coupez-les en tronçons.

3 Lavez la courgette et le poireau. Épluchez les pommes de terre et les carottes. Coupez le poireau en rondelles de 1 cm et les autres légumes en cubes de 1 cm de côté environ. Pelez, épépinez et concassez les tomates et mettez-en une de côté pour le pistou.

4 Préparez le pistou : épluchez l'ail et placez-le dans le bol d'un mixeur. Ajoutez les feuilles de basilic lavées et séchées et l'huile d'olive. Mixez pendant quelques secondes pour obtenir un mélange homogène. Versez cette sauce dans un bol et incorporez-y le parmesan et la tomate concassée.

5 Au bout de 30 min de cuisson des haricots, ajoutez les pommes de terre et les carottes. 20 min plus tard, mettez les courgettes, les haricots verts et les poireaux dans la marmite. Attendez 15 min avant d'ajouter les tomates concassées et le riz. Laissez mijoter encore 10 min puis retirez du feu. Versez un peu de pistou dans la marmite et mélangez bien. Servez la soupe accompagnée du reste du pistou en saucière.

# Soupe vietnamienne au riz et aux herbes

**Préparation : 15 min • Cuisson : 50 à 60 min** • 100 g de riz thaï • 2 belles cuisses de poulet • 2 l de bouillon de volaille • 2 échalotes épluchées et émincées • 1 gousse d'ail épluchée et émincée • 1/2 cuil. à café de coriandre en poudre • 2 étoiles de badiane • 1 bâton de cannelle • 4 clous de girofle • 2 cuil. à soupe de vinaigre blanc • 1 petit bouquet de menthe vietnamienne (rau ram) • 1 bouquet de coriandre • Sel, poivre

**1** Versez le bouillon dans une marmite et ajoutez les cuisses de poulet, une échalote et l'ail émincés ainsi que toutes les épices. Amenez à ébullition puis baissez le feu et laissez mijoter environ 30 min. Quand les cuisses de poulet sont cuites, sortez-les de la marmite et réservez-les.
**2** Versez le riz dans la marmite et laissez bouillir pendant 10 min. Baissez ensuite le feu et laissez mijoter jusqu'à ce que le riz soit complètement cuit.
**3** Lavez la menthe et la coriandre et hachez-les. Épluchez la citronnelle en ne gardant que le cœur tendre et hachez-le finement.
**4** Retirez la peau des cuisses de poulet et détachez la chair des os en l'effilochant avec les doigts. Mettez la chair dans un bol et ajoutez le vinaigre, l'échalote restante, la menthe et la citronnelle. Salez, poivrez et mélangez bien le tout.
**5** Répartissez le poulet assaisonné dans 4 bols et versez le bouillon très chaud avec le riz par dessus. Parsemez de coriandre hachée et servez.

**Notre conseil :** Vous pouvez remplacer le rau ram par un demi-bouquet de menthe et 3 tiges de citronnelle.

# Velouté de courgettes au riz et à la pancetta

**Préparation : 15 min • Cuisson : 30 min** • 2 à 3 courgettes • 40 g de riz long • 50 g de pancetta coupée en dés • 3 gousses d'ail • 1/2 bouquet de basilic • 2 cuil. à soupe d'huile d'olive • sel, poivre • 2 cuil. à soupe de parmesan râpé

1 Coupez les courgettes en rondelles. Épluchez les gousses d'ail. Faites cuire les courgettes et l'ail à la vapeur pendant 15 min.

2 Rincez le riz et égouttez-le. Faites chauffer 1 cuillerée à soupe d'huile dans une poêle et faites-y revenir le riz et la pancetta pendant quelques minutes en mélangeant. Ajoutez un verre d'eau, du sel et du poivre et laissez cuire le temps indiqué sur l'emballage. Rajoutez un peu d'eau au fur et à mesure que le riz l'absorbe, mais en fin de cuisson, il ne doit pas rester de liquide dans la poêle.

3 Mixez ensemble les courgettes, l'ail et les feuilles de basilic. Ajoutez l'huile d'olive restante, salez et poivrez et mixez encore pour obtenir un velouté. Servez aussitôt en parsemant de riz et de parmesan.

# Soupe au riz et au citron

**Préparation : 15 min • Cuisson : 30 min** • 60 g de riz long de Camargue • 1 citron non traité • 1,5 l de bouillon de légumes • 2 œufs • 1/2 bouquet de menthe ciselée • Sel, poivre

1 Versez le bouillon dans une casserole et amenez-le à ébullition. Rincez le riz et ajoutez-le dans le bouillon. Baissez le feu et laissez mijoter environ 25 min.

2 Brossez le citron, séchez-le et râpez finement la moitié du zeste. Réservez. Coupez le citron en deux et pressez-le pour récupérer le jus. Dans un bol, battez les œufs entiers, le jus de citron et le zeste.

3 Quand le riz est cuit, prélevez 1 louche de bouillon chaud et incorporez-le aux œufs en remuant. Versez ensuite ce mélange très doucement dans la casserole en mélangeant sans cesse sur feu très doux. Continuez à mélanger la soupe pendant 2 à 3 min, sans laisser bouillir. Salez, poivrez et ajoutez la menthe au dernier moment. Servez chaud.

# Chou farci

**Préparation :** 30 min • **Cuisson :** 2 h 40 environ • 1 chou frisé • 1 carotte épluchée et coupée en 4 • 1 oignon épluché, piqué de 2 clous de girofle • 1 branche de céleri • 3 l de bouillon de poule

**Pour la farce :** 100 g de riz complet • 2 échalotes • 2 gousses d'ail • 200 g de viande cuite (un reste de rôti par ex.) • 200 g de lard fumé • 1/2 botte de persil plat • 4 branches d'estragon • 1 cuil. à soupe d'huile d'olive • 1 gros œuf • 1/2 cuil. à café de quatre-épices • Sel, poivre

1 Remplissez une grande marmite au deux tiers d'eau et amenez à ébullition. Rincez le riz, mettez-le dans une petite casserole avec 50 cl d'eau et faites bouillir. Baissez ensuite le feu et laissez cuire jusqu'à ce que le riz soit tendre, environ 40 min. Égouttez le riz et réservez.

2 Nettoyez le chou. Supprimez les feuilles extérieures et la base dure. Faites blanchir le chou 7 min. Enlevez le chou à l'aide d'une écumoire et laissez-le égoutter tête vers le bas dans une passoire. Jetez l'eau de la marmite.

3 Découpez 4 longueurs de fil de cuisine et posez-les en croix sur le plan de travail. Placez le chou au centre, base vers le bas, et écartez les feuilles extérieures. Enlevez le cœur du chou et hachez-le finement.

4 Épluchez et hachez les échalotes et l'ail. Enlevez la couenne du lard et découpez-le en petits morceaux. Coupez également en morceaux la viande cuite. Lavez et séchez le persil et l'estragon.

5 Faites revenir les échalotes et l'ail avec l'huile d'olive dans une poêle pendant quelques minutes. Mixez ensemble le lard, la viande et les fines herbes de façon à obtenir une farce assez homogène. Ajoutez cette farce ainsi que le cœur du chou dans la poêle et faites revenir l'ensemble encore 5 min.

6 Versez le contenu de la poêle dans un saladier, ajoutez le riz cuit, l'œuf entier, les épices, du sel et du poivre. Mélangez bien. Formez une boule compacte avec la farce et placez-la au milieu du chou. Rabattez les feuilles autour pour reconstituer le chou et nouez fermement les fils de cuisine pour maintenir le tout.

7 Placez le chou dans la marmite. Ajoutez les légumes, le bouillon et un peu d'eau pour que le chou soit juste couvert. Salez, poivrez et amenez à ébullition. Laissez cuire ensuite à petit feu et à couvert pendant 2 h.

# Légumes farcis végétariens

**Préparation : 20 min** • **Cuisson : 1 h 10** • 4 courgettes rondes • 4 tomates moyennes • 100 g de riz basmati • 2 gousses d'ail • 2 échalotes • 40 g de pignons • 60 g de raisins de Corinthe • 6 cuil. à soupe de parmesan râpé • 1 bouquet de basilic • 4 cuil. à soupe d'huile d'olive • Sel, poivre

**1** Rincez le riz et faites-le cuire à l'eau bouillante salée pendant 20 min environ, il doit rester légèrement ferme. Égouttez le riz et laissez-le tiédir. Préchauffez le four à th. 6.

**2** Lavez les courgettes, coupez le pédoncule et creusez-les à l'aide d'une petite cuillère, de façon à laisser 1 cm d'épaisseur environ. Lavez les tomates et découpez 4 chapeaux sur le dessus. Creusez les tomates avec une cuillère et ôtez les graines. Hachez la chair prélevée des courgettes et des tomates. Épluchez et hachez les gousses d'ail et les échalotes.

**3** Faites chauffer 1 cuillerée à soupe d'huile d'olive dans une poêle. Déposez-y les courgettes et les tomates, face creusée en dessous, et laissez-les suer à petit feu pendant 10 min. Enlevez les légumes de la poêle et réservez-les.

**4** Versez 1 cuillerée à soupe d'huile d'olive dans la même poêle et ajoutez le hachis d'ail et d'échalote. Laissez suer 2 min puis ajoutez la chair des légumes. Faites revenir 5 min en remuant.

**5** Versez le contenu de la poêle dans un saladier et ajoutez-y le riz cuit, les pignons, les raisins et 4 cuillerées à soupe de parmesan. Lavez et séchez le basilic et ciselez les feuilles au-dessus du saladier. Salez et poivrez et mélangez bien le tout.

**6** Remplissez les courgettes et les tomates de cette farce. Saupoudrez le parmesan restant et arrosez d'huile d'olive. Couvrez les tomates de leurs chapeaux et posez tous les légumes dans un plat à four huilé.

**7** Ajoutez 1 verre d'eau dans le fond du plat et enfournez pour 40 à 45 min. Arrosez les farcis plusieurs fois pendant la cuisson et baissez légèrement le thermostat si nécessaire.

# Légumes farcis au riz et à la viande

**Préparation :** 20 min • **Cuisson :** 1 h 10 environ • 150 g de riz long de Camargue • 2 petites aubergines • 2 gros oignons • 2 petits poivrons rouges • 2 gousses d'ail épluchées et hachées • 300 g de bœuf ou d'agneau haché • 4 cuil. à soupe de persil haché • 4 cuil. à soupe de coriandre haché • 4 cuil. à soupe d'huile d'olive • Sel, poivre • 2 cuil. à soupe de chapelure

1 Rincez le riz et faites-le cuire à l'eau pendant 15 à 20 min, il doit rester un peu ferme. Égouttez le riz et réservez-le.

2 Lavez les aubergines, enlevez le pédoncule et coupez-les en deux. À l'aide d'une cuillère, creusez les moitiés d'aubergines de façon à ne laisser qu'un centimètre de chair. Hachez la chair d'aubergine retirée.

3 Lavez les poivrons, coupez-les en deux et supprimez les pédoncules, les graines et les peaux blanches. Épluchez les oignons et coupez-les en deux. Creusez les moitiés d'oignons pour ne laisser que 2 couches de chair et hachez finement le reste.

4 Faites chauffer 2 cuillerées à soupe d'huile d'olive dans une grande poêle. Ajoutez les moitiés d'aubergines et de poivrons face creusée en dessous et laissez suer pendant 10 min à petit feu. Enlevez-les de la poêle et réservez-les. Faites blanchir les oignons à l'eau bouillante salée pendant 7 min, puis égouttez-les.

5 Préchauffez le four à th. 6. Dans la même poêle, faites revenir avec 1 cuillerée à soupe d'huile d'olive la chair d'oignon et la gousse d'ail pendant 2 min. Ajoutez la chair d'aubergines ainsi que la viande hachée et faites revenir encore 10 min en remuant. Versez le contenu de la poêle dans un saladier. Ajoutez le riz cuit, les fines herbes, du sel et du poivre. Mélangez bien et remplissez les demi-légumes avec cette farce.

6 Mettez les légumes farcis dans un plat à four huilé et saupoudrez-les de chapelure. Arrosez de l'huile d'olive restante et versez 1 verre d'eau dans le fond du plat. Faites cuire au four 45 min. Arrosez les légumes plusieurs fois pendant la cuisson et baissez le th. à 5, si le dessus des farcis dore trop vite.

# Paella aux fruits de mer

**Préparation : 20 min • Cuisson : 1 h 20 environ** • 4 cuisses de poulet • 250 g de blanc de calmar • 4 gambas • 12 langoustines • 500 g de moules d'Espagne • 12 palourdes • 250 g de riz long complet • 200 g de petits pois écossés • 2 oignons • 4 tomates pelées épépinées • 4 gousses d'ail • 2 poivrons rouges • 2 doses de safran • 3 pincées de piment de Cayenne • 4 cuil. à soupe d'huile d'olive • Sel

**1** Pour réaliser cette spécialité espagnole, procurez-vous si possible une grande poêle épaisse et profonde à deux poignées, appelée *paellera*. Versez 1 cuillerée à soupe d'huile d'olive dans la poêle et faites-y revenir les cuisses de poulet coupées en 2. Laissez cuire 15 min à feu assez doux en retournant les morceaux. Enlevez le poulet de la poêle et réservez.

**2** Épluchez les oignons et l'ail et hachez-les. Ajoutez 1 cuillerée à soupe d'huile dans la poêle et faites-y revenir l'ail et l'oignon. Ajoutez les gambas, les langoustines et le calmar. Faites revenir le tout pendant 5 min à feu moyen puis réservez.

**3** Faites chauffer le reste d'huile dans la poêle. Versez le riz préalablement rincé en pluie et faites-le revenir jusqu'à ce qu'il soit translucide. Ajoutez les tomates coupées en morceaux, le safran et le piment de Cayenne. Mélangez bien et laissez mijoter 10 min. Ajoutez 50 cl d'eau, couvrez et laissez cuire à feu doux pendant 40 min. Au bout de 30 min de cuisson, ajoutez les petits pois dans la poêle.

**4** Ajoutez les moules et les palourdes. Dès que les coquillages sont ouverts, remettez le poulet, les langoustines, les gambas et le calmar. Laissez mijoter encore 10 min. Servez chaud.

# Pilaf de riz au tourteau

**Préparation : 20 min • Cuisson : 40 min environ** • 1 tourteau de 1 kg (ou 2 petits) • 250 g de riz Carnaroli ou de riz long • 0,5 l d'eau • 1 oignon finement émincé • 3 doses de safran • 4 cuil. à soupe d'huile d'olive • Sel, poivre

**1** Remplissez une grande casserole aux trois quarts d'eau froide. Salez, poivrez et amenez à ébullition. Plongez le tourteau dans l'eau bouillante et laissez-le cuire 15 min à feu moyen.
**2** Préchauffez le four à th. 8. Sortez le tourteau cuit à l'aide d'une écumoire et laissez-le tiédir. Cassez les pinces et ouvrez le coffre pour récupérer toute la chair. Réservez.
**3** Faites chauffer l'huile d'olive dans une cocotte. Ajoutez l'oignon et laissez-le suer pendant 3 min. Versez le riz préalablement rincé dans la cocotte et mélangez jusqu'à ce qu'il soit translucide.
**4** Ajoutez l'eau, le safran, du sel et du poivre et remuez. Couvrez la cocotte et enfournez pour 15 min. En cours de cuisson, vérifiez si le riz n'est pas trop sec. Si nécessaire, ajoutez un peu d'eau chaude.
**5** Au bout de 15 min, incorporez délicatement la chair du crabe au riz et remettez au four pour 5 min. Servez chaud.

# Riz frit aux crevettes

**Préparation :** 15 min • **Cuisson :** 15 min environ • 12 grosses crevettes crues • 250 g de riz cuit • 30 g d'huile de palme • 4 œufs • 1 oignon finement émincé • 1 gousse d'ail hachée • 3 cuil. à soupe de sauce soja • 2 cuil. à soupe de sauce d'huître • 2 cuil. à café de sucre en poudre • 1 pincée de piment de Cayenne • 1/2 bouquet de coriandre

1 Faites chauffer l'huile de palme dans un wok. Quand elle est bien chaude, versez le riz en mélangeant. Au bout de 2 min, ajoutez les crevettes, l'ail et l'oignon. Faites-les sauter pendant 3 à 4 min. Dès que les crevettes ont pris une belle couleur, enlevez-les, ainsi que le riz, du wok. Réservez.

2 Battez les œufs en omelette et faites-les cuire en œufs brouillés dans le wok. Ajoutez le riz, les crevettes, la sauce soja, la sauce d'huître, le sucre et le piment. Mélangez bien le tout et laissez cuire à feu doux 5 min en couvrant. Ciselez la coriandre au-dessus du plat. Servez aussitôt.

# Poêlée de riz sauvage aux girolles

**Préparation :** 15 min • **Cuisson :** 1 h • 300 g de riz sauvage • 200 g de girolles • 150 g de lard • 2 gousses d'ail • 1 cuil. à soupe d'huile d'olive • 1/2 bouquet de persil • Sel, poivre

1 Rincez le riz et faites-le cuire à l'eau bouillante salée pendant 45 à 50 min, il doit rester légèrement ferme. Égouttez le riz et laissez-le tiédir.

2 Nettoyez les girolles et coupez-les en morceaux si besoin. Enlevez la couenne du lard et coupez-le en petits lardons. Épluchez et hachez les gousses d'ail.

3 Faites chauffer l'huile d'olive dans une poêle et ajoutez les lardons. Quand ces derniers ont fondu, ajoutez les girolles et l'ail. Faites rissoler le tout pendant 5 min en remuant. Ajoutez le riz dans la poêle et laissez cuire encore 3 min à feu doux. Servez le riz chaud parsemé de persil ciselé.

# Pintade aux airelles farcie au riz sauvage

**Préparation : 15 min • Cuisson : 1 h environ** • 1 pintade de 1,2 kg prête à cuire, avec les abats • 120 g de riz sauvage cuit • 1 gousse d'ail • 2 échalotes • 1 pomme • 1/2 cuil. à café de cannelle • 40 g de raisins secs • 40 g d'amandes entières concassées • 300 g d'airelles sous vide • 2 cuil. à soupe de miel liquide • 2 cuil. à soupe d'huile d'olive • 1 verre de vin blanc sec • Sel, poivre

1 Épluchez les échalotes et l'ail et hachez-les grossièrement. Faites chauffer l'huile d'olive dans une poêle. Ajoutez le hachis d'ail et d'échalotes et laissez suer pendant 3 min. Ajoutez le foie et le gésier de la pintade et faites cuire à petit feu pendant 10 min. Laissez tiédir puis hachez le tout finement.

2 Préchauffez le four à th. 7. Épluchez la pomme, coupez-la en deux et ôtez le cœur et les pépins. Râpez grossièrement les moitiés de pomme. Dans un saladier, mélangez le riz cuit, le hachis aux abats et la pomme.

3 Ajoutez les raisins secs, les amandes, la cannelle, du sel et du poivre. Mélangez bien tous les ingrédients et remplissez la pintade avec cette farce. Refermez la pintade avec des piques en bois ou recousez-la.

4 Posez la pintade dans un plat à four légèrement huilé, salez et poivrez. Ajoutez le vin blanc dans le fond du plat et enfournez pour 50 à 60 min. Retournez la pintade à mi-cuisson et arrosez-la plusieurs fois pendant la cuisson. Si nécessaire, ajoutez un peu d'eau.

5 Placez les airelles dans une casserole et faites-les chauffer à feu doux. Retirez du feu au premier bouillon et ajoutez le miel. Salez et poivrez légèrement. Servez les airelles tièdes avec la pintade.

# Risotto aux cèpes

**Préparation : 10 min • Cuisson : 25 min environ** • 250 g de riz arborio ou de riz rond • 100 g de cèpes séchés • 75 cl de bouillon de volaille • 4 échalotes finement émincées • 2 cuil. à soupe d'huile d'olive • 80 g de parmesan fraîchement râpé • 20 g de beurre • Sel, poivre

**1** Placez les cèpes dans un bol et couvrez-les d'eau froide. Laissez-les tremper pendant 20 min. Faites chauffer le bouillon de volaille.

**2** Dans une sauteuse, faites suer les échalotes dans l'huile d'olive pendant 2 min. Ajoutez le riz et mélangez bien pendant 2 à 3 min pour que le riz s'imprègne de matière grasse. Versez les cèpes avec leur eau et laissez mijoter doucement en continuant de mélanger.

**3** Quand le riz a absorbé le liquide, ajoutez une louche de bouillon en remuant. Attendez qu'il n'y ait plus de liquide avant de rajouter une nouvelle louche de bouillon. Procédez ainsi jusqu'à épuisement du bouillon. Salez et poivrez. Au bout d'environ 20 min, le riz est cuit. Enlevez du feu et ajoutez le parmesan et le beurre. Mélangez, couvrez et laissez reposer 2 min avant de servir.

# ✻ Risotto vert

**Préparation : 15 min • Cuisson : 20 min environ** • 275 g de riz rond (arborio ou carnaroli) • 1/2 botte d'oseille • 1/2 botte de cresson • 3 échalotes • 50 g de beurre • 85 cl de bouillon de légumes • 10 cl de vin blanc sec • 100 g de parmesan râpé • 2 cuil. à soupe de crème fraîche • Sel, poivre

1 Amenez le bouillon à ébullition puis baissez le feu au maximum et gardez-le chaud. Triez, lavez et essorez l'oseille et le cresson. Supprimez les queues et les grosses côtes de l'oseille. Épluchez et hachez finement les échalotes.
2 Faites fondre 30 g de beurre dans une poêle ou une sauteuse à fond épais. Ajoutez les échalotes et faites-les revenir pendant 3 min. Versez le riz sur les échalotes et mélangez avec une spatule pour que le riz s'imprègne de matière grasse.
3 Ajoutez le vin et remuez jusqu'à ce qu'il soit absorbé par le riz. Versez une louche de bouillon chaud et laissez cuire à petit feu en remuant. Rajoutez du bouillon au fur et à mesure que le riz l'absorbe. Au bout de 10 min de cuisson, ajoutez le cresson et l'oseille dans la poêle. Mélangez et continuez la cuisson pendant 7 à 10 min en versant régulièrement du bouillon et en remuant.
4 Quand le riz est tendre, incorporez le parmesan, la crème fraîche et le reste du beurre. Enlevez du feu, couvrez et laissez reposer 2 min. Servez dans des assiettes creuses préchauffées.

# Poitrine de veau farcie au riz et aux fruits secs

**Préparation : 25 min • Cuisson : 1 h 50** • 1 poitrine de veau préparée par le boucher • 100 g de riz rouge cuit • 500 g de vert de blettes • 2 oignons moyens • 50 g de pruneaux dénoyautés • 50 g d'abricots secs • 60 g de cerneaux de noix • 1 œuf • 2 cuil. à soupe d'huile d'olive • 1 verre de vin blanc sec • Sel, poivre • 1/2 cuil. à café d'épices douces (cannelle, cumin, coriandre, girofle)

1 Demandez à votre boucher de désosser la poitrine de veau et de l'ouvrir sur le côté pour créer une poche.

2 Mettez les pruneaux et les abricots dans un bol et couvrez-les d'eau chaude. Laissez tremper 20 min. Préchauffez le four à th. 7.

3 Triez et lavez les feuilles de blettes. Supprimez les grosses côtes. Faites blanchir les blettes 1 minute dans l'eau bouillante salée. Égouttez les feuilles et pressez-les bien pour exprimer un maximum d'eau. Hachez-les au couteau.

4 Épluchez et hachez les oignons. Faites chauffer 1 cuillerée à soupe d'huile d'olive dans une poêle. Ajoutez les oignons et laissez-les suer pendant quelques minutes. Ajoutez les blettes, mélangez et enlevez du feu.

5 Versez le contenu de la poêle dans un saladier. Ajoutez le riz, les fruits secs égouttés et coupés en morceaux, les noix, l'œuf entier, les épices, du sel et du poivre . Mélangez soigneusement le tout.

6 Salez et poivrez l'intérieur de la poitrine de veau et farcissez-la avec le mélange au riz. Recousez la poche et mettez-la dans un plat à four huilé. Salez, poivrez et versez le vin blanc dans le fond du plat.

7 Faites cuire à four chaud pendant 1 h 45 en retournant la poitrine au bout de 1 h. Arrosez plusieurs fois pendant la cuisson et ajoutez un peu d'eau si nécessaire. Servez la poitrine coupée en tranches et accompagnée du jus de cuisson déglacé.

# ❊ Tian de sardines

**Préparation : 20 min • Cuisson : 40 min environ** • 12 sardines moyennes (faites lever les filets par le poissonnier) • 120 g de riz long • 500 g d'épinards • 500 g de vert de blettes • 2 gousses d'ail • 4 cuil. à soupe d'huile d'olive • 3 œufs • 150 g de parmesan râpé • 2 cuil. à soupe de chapelure • Sel, poivre • Le jus de 1/2 citron

1 Rincez le riz et faites-le cuire à l'eau bouillante salée pendant 15 à 20 min environ, il doit rester légèrement ferme. Égouttez le riz et laissez-le tiédir. Préchauffez le four à th. 7/8.

2 Triez et lavez les épinards et les feuilles de blettes. Supprimez les grosses côtes et les queues. Faites blanchir les épinards et les blettes 1 minute à l'eau bouillante salée. Égouttez les feuilles et pressez-les bien pour exprimer un maximum d'eau. Hachez-les au couteau.

3 Épluchez les gousses d'ail. Faites chauffer 2 cuillerées à soupe d'huile d'olive dans une grande poêle. Ajoutez l'ail entier, les épinards et les blettes et faites revenir l'ensemble pendant 3 min en mélangeant. Enlevez la poêle du feu, retirez les gousses d'ail et laissez tiédir.

4 Cassez les œufs dans un saladier et battez-les en omelette. Ajoutez-y le riz cuit, les épinards, les blettes et 100 g de parmesan. Salez, poivrez et mélangez bien.

5 Huilez un plat à gratin avec 1 cuillerée à soupe d'huile d'olive et versez-y les deux tiers du mélange au riz. Répartissez les filets de sardines par-dessus et arrosez-les du jus de citron. Couvrez avec le reste de riz aux épinards et aux blettes et lissez la surface. Arrosez de l'huile d'olive restante. Mélangez le parmesan restant avec la chapelure et saupoudrez-en le tian. Faites cuire à four chaud pendant 20 min environ. Le tian doit être bien doré.

# Briani (île de la Réunion)

**Préparation : la veille 15 min • Cuisson : 1 h 30 • Pour 6 personnes** • 1 kg de poulet coupé en morceaux • 1 gros oignon émincé • 350 g de riz long grain • 3 pommes de terre moyennes • 100 g de lentilles vertes ou brunes • 30 cl de lait caillé • 1 cuil. à café de cumin en poudre • 1/2 cuil. à café de cannelle en poudre • 1/2 cuil. à café de girofle en poudre • 1/2 cuil. à café de cardamome en poudre • 3 doses de safran • 3 cm de gingembre fraîchement râpé • 3 gousses d'ail • ½ bouquet de menthe ciselée • 3 cuil. à soupe d'huile d'arachide • Sel, poivre

1 La veille, faites chauffer l'huile dans une marmite et faites-y dorer les morceaux de poulet avec l'oignon. Enlevez du feu et ajoutez l'ail, le lait caillé, la menthe et toutes les épices. Salez, poivrez et mélangez bien. Couvrez et laissez reposer toute la nuit.

2 Le lendemain, faites réchauffer le poulet avec sa marinade. À ébullition, baissez le feu et laissez mijoter à couvert pendant 20 min. Faites précuire le riz 3 min à l'eau bouillante salée puis égouttez-le. Épluchez les pommes de terre et coupez-les en tranches épaisses.

3 Ajoutez les lentilles rincées et les pommes de terre dans la marmite. Versez 2 verres d'eau à hauteur. Laissez mijoter à feu doux et à couvert pendant environ 20 min.

4 Ajoutez le riz et suffisamment d'eau pour qu'il soit bien recouvert. Laissez cuire encore 15 min. Remuez de temps à autre et ajoutez un verre d'eau tiède si le poulet attache à la marmite. En fin de cuisson, le liquide doit être absorbé. Servez chaud.

# Biryani végétarien (Inde)

**Préparation : 15 min • Cuisson : 30 min** • 250 g de riz parfumé • 2 patates douces • 4 à 6 oignons nouveaux • 2 carottes • 1 gousse d'ail • 2 yaourts • 2 cm de gingembre fraîchement râpé • ½ bouquet de coriandre • ½ bouquet de menthe • 1 pincée de piment fort • 3 cuil. à soupe de raisins secs • 3 cuil. à soupe d'amandes émondées • 3 cuil. à soupe de noix de cajou • 2 cuil. à soupe d'huile d'arachide • Sel, poivre

**1** Faites cuire le riz dans un cuiseur à riz, si vous en avez un. Sinon, faites-le cuire à l'eau bouillante salée pendant 20 min. Égouttez-le et gardez-le au chaud.
**2** Pendant ce temps, épluchez et émincez les oignons avec leurs tiges. Épluchez les carottes et les patates douces et coupez-les en petits cubes.
**3** Faites chauffer l'huile dans une casserole à fond épais. Ajoutez les oignons et laissez suer 2 min. Ajoutez le gingembre, le piment, les carottes et les patates douces. Remuez bien et versez 20 cl d'eau. Portez à ébullition et laissez mijoter 20 min.
**4** Ajoutez les raisins secs, les amandes et les noix de cajou aux légumes et laissez cuire encore 5 min. Gardez au chaud.
**5** Lavez, séchez et ciselez la coriandre et la menthe. Mélangez les yaourts avec les fines herbes, salez, poivrez et mélangez bien. Servez les légumes accompagnés du riz et de la sauce au yaourt.

# Crêpes de riz aux crevettes (Vietnam)

**Préparation :** 15 min • **Repos :** 20 min • **Cuisson :** 40 min environ • **Pour environ 8 crêpes :** 60 g de farine de riz • 30 g de Maïzena • 2 pincées de sucre • 2 pincées de curcuma • 1 échalote hachée finement • 2 œufs • 25 cl de lait de coco • 2 cuil. à soupe de nuoc mam • 16 crevettes moyennes décortiquées • 2 gousses d'ail • 2 cuil. à soupe d'huile • 6 champignons chinois • 100 g de pousses de soja • 1 petite carotte • Poivre

1 Dans un saladier, mélangez la farine de riz avec la Maïzena, le sucre, le curcuma et l'échalote. Dans un bol, battez ensemble les œufs entiers, le lait de coco et 1 cuillerée à soupe de nuoc mam.

2 Versez le mélange au lait de coco doucement dans le saladier en remuant. La pâte doit être lisse. Laissez reposer pendant 20 min.

3 Épluchez et hachez les gousses d'ail. Coupez les crevettes en deux et mélangez-les dans un bol avec l'ail, 1 cuillerée à soupe de nuoc mam et du poivre.

4 Faites tremper les champignons dans un bol rempli d'eau chaude. Lavez et essorez les pousses de soja. Épluchez et râpez la carotte.

5 Faites chauffer une demi-cuillerée à soupe d'huile dans une poêle. Ajoutez les crevettes et faites-les sauter à feu vif pendant 3 min. Versez-les dans un bol et mélangez-les avec la carotte râpée, les pousses de soja et les champignons égouttés et émincés.

6 Huilez légèrement la poêle et faites-la chauffer à feu moyen. Versez une petite louche de pâte et faites cuire 1 crêpe fine. Dès que la crêpe est prise, ajoutez 1/8 du mélange crevettes-légumes et couvrez la poêle. Laissez cuire encore 3 min à feu doux. Le dessous de la crêpe doit être doré.

7 Pliez la crêpe en deux et faites-la glisser sur une assiette. Gardez au chaud pendant que vous réalisez les autres crêpes en procédant de la même façon.

8 Servez ces crêpes avec des feuilles de salade, de la menthe, de la coriandre, des échalotes émincées et du nuoc mam.

# Jambalaya (Louisiane)

**Préparation : 20 min • Cuisson : 45 min** • 20 tranches moyennes de chorizo épicé • 200 g de riz long • 1 tranche épaisse de jambon cuit de 250 g • 12 crevettes roses • 2 poivrons rouges • 2 tomates • 1 branche de céleri • 1 oignon • 2 gousses d'ail • 60 cl de bouillon de poule chaud • ½ cuil. à café de piment de Cayenne • 10 gouttes de Tabasco • 2 cuil. à soupe d'huile de tournesol • 2 feuilles de laurier • Sel

1 Épluchez l'oignon et émincez-le. Lavez le céleri et émincez-le également. Lavez les poivrons et coupez-les en dés après avoir supprimé les graines et les peaux blanches.

2 Faites chauffer l'huile dans une marmite et ajoutez les légumes. Laissez suer pendant 5 min. Ajoutez le jambon coupé en dés et le chorizo et faites cuire à feu doux encore 5 min.

3 Ébouillantez les tomates, pelez-les et épépinez-les. Versez le bouillon chaud dans la marmite, puis ajoutez les tomates, le riz, le piment, le Tabasco et le laurier. Salez légèrement et mélangez bien. Laissez mijoter sur feux doux 30 min. Le riz doit avoir absorbé le liquide. Décortiquez les crevettes, ajoutez-les dans la marmite et laissez mijoter encore 5 min. Servez chaud.

# Kedgeree (anglo-indien)

**Préparation : 20 min • Cuisson : 30 minutes environ** • 500 g de filet de haddock • 300 g de riz basmati • 1 l de bouillon de poule • 10 g de beurre • 3 échalotes • 2 gousses d'ail • 4 œufs durs • 2 cuil. à café de moutarde forte • 2 cuil. à café de curry • 4 cuil. à soupe de crème fraîche épaisse • ½ bouquet de coriandre lavée et ciselée • Sel, poivre

1 Versez 70 cl de bouillon dans une marmite et amenez à ébullition. Ajoutez la feuille de laurier et le riz et laissez cuire à petit feu pendant 15 à 20 minutes. Remuez bien pour que le riz n'attache pas.

2 Quand le riz est cuit, retirez le laurier, versez le reste de bouillon, remuez bien et placez le filet de haddock sur le riz, côté peau en haut. Continuez la cuisson à feu très doux pendant 10 minutes en couvrant. Remuez de temps en temps ; si le riz attache, ajoutez un peu d'eau.

3 Retirez le haddock, enlevez la peau et émiettez le filet en enlevant toutes les arêtes. Remettez les morceaux de poisson dans le riz. Gardez au chaud.

4 Épluchez les échalotes et l'ail et hachez-les. Faites revenir le hachis dans le beurre pendant 3 minutes puis versez dans le riz. Écalez les œufs et coupez-les en tranches.

5 Dans un grand bol, mélangez la moutarde, le curry, la crème fraîche, du sel et du poivre. Ajoutez les œufs et incorporez délicatement le tout au riz. Présentez le kedgeree dans un plat, parsemé de coriandre ciselée.

# Peas'n'rice (Bahamas)

**Préparation : 15 min • Cuisson : 25 min environ** • 1 oignon • 1 poivron vert • 1 branche de céleri • 30 g de saindoux • 150 g de lard fumé coupé en lardons • 250 g de riz long • 200 g de pois pigeon (épiceries exotiques, portugaises) • 1 cuil. à soupe de concentré de tomate • 1 branchette de thym • Sel, poivre

1 Épluchez et hachez l'oignon. Lavez le céleri et le poivron et émincez-les finement en supprimant les graines et les peaux blanches du poivron.

2 Faites chauffer le saindoux dans une marmite. Ajoutez le lard et laissez-le fondre à feu moyen pendant 3 min. Ajoutez l'oignon, le poivron et le céleri et faites-les revenir 3 min en remuant.

3 Ajoutez les pois pigeon, le concentré de tomate et le thym. Versez 50 cl d'eau dans la marmite, salez, poivrez et amenez à ébullition. Ajoutez le riz et baissez le feu. Laissez mijoter pendant environ 20 min en remuant régulièrement. En fin de cuisson, le riz doit avoir absorbé tout le liquide.

# Riz au lait au pigeon (Égypte)

**Préparation : 15 min • Cuisson : 1 h 10 environ** • 300 g de riz • 2 pigeons prêts à cuire • 25 cl de lait • 1 cuil. à café de cannelle • 50 g de beurre • Sel, poivre

1 Remplissez une marmite aux trois quarts d'eau froide et amenez à ébullition. Plongez les pigeons dans l'eau bouillante et laissez cuire pendant 10 min. Préchauffez le four à th. 6.

2 Retirez les pigeons de la casserole, laissez-les tiédir puis coupez-les en morceaux. Faites chauffer la moitié du beurre dans une poêle et ajoutez les morceaux de pigeons. Salez, poivrez et faites-les rissoler pendant 2 min. Enlevez les morceaux de la poêle et essuyez-les avec du papier essuie-tout.

3 Placez le riz dans un grand moule à soufflé. Mélangez le lait avec la cannelle et versez-le sur le riz. Déposez les morceaux de pigeons sur le riz. Répartissez le reste du beurre en noisettes sur le riz. Placez le moule dans le four chaud et laissez cuire pendant 1 h. Le dessus doit être bien doré.

# Plov au mouton (Ouzbékistan)

**Préparation : 15 min • Cuisson : 1 h environ** • 1 kg de gigot de mouton coupé en morceaux • 200 g de riz long • 3 oignons • 2 poivrons • 4 grosses carottes • 3 cm de gingembre frais râpé • 1/2 cuil. à café de coriandre en poudre • 1 cuil. à café de cumin en poudre • 1/4 de cuil. à café de girofle en poudre • 1 cuil. à café de thym émietté • 1/4 de cuil. à café de curcuma en poudre • 3 pincées de piment de Cayenne • 2 cuil. à soupe d'huile • Sel, poivre

1 Épluchez et hachez les oignons. Lavez les poivrons, coupez-les en deux et ôtez les graines et les peaux blanches. Émincez-les. Épluchez les carottes et râpez-les grossièrement.
2 Mettez l'huile à chauffer dans une marmite et ajoutez la viande. Faites légèrement dorer les morceaux en les retournant avec une spatule. Ajoutez les oignons et les poivrons et faites revenir l'ensemble 5 min en remuant.
3 Ajoutez les carottes râpées et toutes les épices dans la marmite. Salez, poivrez et mélangez bien. Ajoutez environ 1 litre d'eau pour recouvrir le tout. Laissez mijoter pendant 20 min.
4 Rincez le riz dans plusieurs eaux, pour éviter qu'il ne colle. Jetez le riz dans la marmite en remuant et ajoutez encore 50 cl d'eau. Le riz doit être bien recouvert.
5 Couvrez et laissez cuire à tout petit feu pendant 25 à 30 min. En fin de cuisson, le riz doit avoir absorbé l'eau de cuisson. Laissez reposer 10 min avant de servir.

# Riz basmati au curry de légumes (Inde)

**Préparation : 20 min** • **Cuisson : 1 h 30** • 250 g de riz basmati complet • 3 carottes épluchées et coupées en rondelles • 1 belle courgette coupée en cubes • 1 belle aubergine coupée en cubes • 1 à 2 patates douces coupées en cubes • 8 petits bouquets de chou-fleur • 2 oignons • 3 cm de gingembre frais • 2 gousses d'ail • 1 cuil. à café de graines de moutarde • 1 cuil. à café de graines de coriandre • 1 cuil. à café de graines de cumin • 5 clous de girofle • 10 graines de cardamome • 1/2 cuil. à café de cannelle • 1 cuil. à café de curcuma • 4 pincées de piment de Cayenne • 3 cuil. à soupe d'huile de coco • 40 cl de lait de coco • Sel • Noix de cajou grillées

1 Placez les épices en graines (moutarde, coriandre, cumin, girofle et cardamome) dans un mortier et réduisez-les en poudre. Ajoutez la cannelle, le curcuma et le piment. Versez dans un bol et réservez.

2 Râpez finement le gingembre et placez-le dans le mortier. Ajoutez les gousses d'ail épluchées et réduisez le tout en purée.

3 Épluchez les oignons et émincez-les. Faites chauffer l'huile de coco dans une casserole à fond épais. Ajoutez les oignons et la purée d'ail et de gingembre. Faites revenir à feu très doux pendant 5 min en remuant.

4 Ajoutez le mélange d'épices et continuez la cuisson pendant encore 5 min, en remuant constamment. Versez le lait de coco dans la casserole et mélangez. Ajoutez les carottes et laissez mijoter 5 min.

5 Ajoutez tous les autres légumes, salez et mélangez bien. Faites cuire le curry à feu très doux et à couvert pendant 40 à 45 min. Remuez de temps à autre et ajoutez un peu d'eau, si les légumes attachent.

6 Rincez le riz et versez-le dans une casserole. Ajoutez 50 cl d'eau, du sel et amenez à ébullition. Baissez le feu et laissez cuire environ 30 min. Égouttez le riz et servez-le chaud avec les légumes au curry et des noix de cajou grillées.

# Riz cantonais (Chine)

**Préparation : 15 min • Cuisson : 10 min environ** • 300 g de riz basmati cuit refroidi • 1 blanc de poulet cuit • 150 g de petits pois cuits • 150 g de crevettes roses cuites et décortiquées • 3 œufs • 70 g de pousses de bambou • 3 champignons noirs mis à tremper dans de l'eau tiède • 150 g de jambon cuit en tranche de 0,5 cm d'épaisseur • 1 oignon • 4 cuil. à soupe d'huile d'arachide • 2 cuil. à soupe de sauce soja

**1** Mettez le riz dans un saladier et égrenez-le à la main. Coupez le poulet en dés de 1 cm de côté. Découpez le jambon en petits dés. Émincez les pousses de bambou et les champignons noirs.

**2** Battez les œufs entiers et faites-les cuire en une omelette fine. Découpez l'omelette également en dés. Épluchez et hachez l'oignon.

**3** Versez la moitié de l'huile dans une poêle et faites-y revenir les oignons en remuant pendant 2 minutes. Ajoutez les crevettes, le poulet, le jambon, les champignons noirs, les pousses de bambou et les petits pois. Faites rissoler le tout à feu assez vif pendant 3 minutes en mélangeant avec une spatule. Versez dans un plat et gardez au chaud.

**4** Faites chauffer l'huile restante dans la poêle. Versez-y le riz faites-le frire pendant 3 à 4 minutes, jusqu'à ce que les grains se détachent.

**5** Ajoutez la sauce soja ainsi que les autres ingrédients en attente, mélangez bien et servez chaud.

# ✻ Riz au poisson à la thiéboudienne (Sénégal)

**Préparation : 25 min • Cuisson : 45 min environ • Pour 4 à 6 personnes :** 1 kg de darnes de capitaine (ou de mérou, de maigre, de mulet) • 50 g de poisson séché (magasins africains ou asiatiques) • 300 g de riz parfumé • 2 aubergines • 2 carottes • 2 patates douces • 1/2 chou blanc • 2 oignons moyens • 1 piment rouge • 3 cuil. à soupe de concentré de tomate • 2 gousses d'ail • 1 bouquet garni • 3 cuil. à soupe d'huile d'arachide • Sel

1 Mettez l'huile à chauffer dans une grande marmite et faites-y revenir les darnes de poissons de tous les côtés. Retirez le poisson et réservez-le.

2 Épluchez les carottes et coupez-les en gros bâtonnets. Épluchez les aubergines et les patates douces et coupez-les en gros cubes. Supprimez les feuilles extérieures du chou blanc et coupez-le en fins quartiers. Épluchez les oignons et l'ail et hachez-les.

3 Dans la marmite du poisson, faites revenir les oignons pendant quelques minutes. Ajoutez tous les légumes, le poisson séché, l'ail, le piment rouge, le concentré de tomate et le bouquet garni. Versez-y 75 cl d'eau chaude, salez et remuez bien. Laissez mijoter à couvert pendant 20 min.

4 Prélevez 450 ml du bouillon de légumes et versez-le dans une casserole avec le riz préalablement rincé. Faites cuire le riz à feu très doux et à couvert pendant environ 20 min. Si nécessaire, ajoutez un peu d'eau en cours de cuisson. Le riz doit absorber tout le liquide.

5 Placez les darnes de poissons sur les légumes dans la marmite et laissez cuire à feu moyen pendant 15 min.

6 Mettez le riz cuit dans un grand plat et couvrez avec les légumes et le poisson. Versez un peu de bouillon sur le tout et servez chaud.

# Riz rouge au poulet et au saté (Indonésie)

**Préparation : 20 min • Marinade : 20 min • Cuisson : 50 min environ** • 1 kg de poulet coupé en morceaux • 250 g de riz rouge de Camargue (boutiques bio) • 1 sachet de saté (40 g) (épiceries exotiques) • 2 cm de gingembre • 40 cl de lait de coco • 2 bâtons de citronnelle • 5 cuil. à soupe d'huile d'olive • 3 feuilles de kaffir (ou cumbava) • Sel

1 Rincez le riz sous l'eau froide et égouttez-le. Faites cuire le riz dans un grand volume d'eau bouillante salée pendant 40 min. Égouttez et réservez.

2 Pendant ce temps, versez 4 cuillerées à soupe d'huile d'olive et le saté dans une grande marmite et mélangez bien. Ajoutez les morceaux de poulet et retournez-les dans la sauce pour bien les enrober. Laissez mariner pendant 20 min.

3 Sortez les morceaux de poulet avec une écumoire et faites-les dorer de tous les côtés dans une poêle, avec l'huile d'olive restante. Réservez.

4 Épluchez et râpez le gingembre. Épluchez les bâtons de citronnelle et fendez-les en deux dans la longueur. Ajoutez le gingembre, la citronnelle, les feuilles de kaffir, le lait de coco ainsi que 1 l d'eau dans la marmite. Salez et mélangez bien. Amenez à ébullition et laissez frémir à feu moyen pendant 15 min.

5 Avec une écumoire, sortez les feuilles de kaffir et les bâtons de citronnelle de la marmite et rectifiez l'assaisonnement. Mettez les morceaux de poulet dans la marmite et ajoutez éventuellement un peu d'eau, pour que le liquide recouvre la viande. Laissez cuire environ 20 min à feu moyen. Ajoutez le riz rouge et laissez mijoter encore 5 min. Servez aussitôt.

# Riz au poulet, à l'orange et aux amandes (Iran)

**Préparation : 20 min • Cuisson : 1 h environ** • 4 blancs de poulet • 300 g de riz basmati • Le zeste de 2 oranges non traitées • 3 carottes • 2 oignons • 200 g d'amandes mondées concassées • 40 g de pistaches non salées concassées • 100 g de sucre • 1 cuil. à soupe d'huile neutre • 100 g de beurre • 1/2 cuil. à café de curcuma en poudre • 3 pincées de safran • 2 cuil. à soupe d'huile • Sel, poivre

1 Coupez les zestes d'orange en julienne. Mettez-les dans une petite casserole, couvrez d'eau froide et amenez à ébullition. Égouttez les zestes, passez-les rapidement sous l'eau froide et égouttez-les de nouveau.

2 Épluchez les carottes et coupez-les en julienne. Placez-les dans une casserole avec le beurre et faites-les cuire à feu moyen pendant 10 min.

3 Ajoutez dans la casserole les zestes, les amandes, les pistaches, le sucre et les épices. Couvrez et laissez cuire à tout petit feu pendant 20 min.

4 Pendant ce temps, faites dorer les blancs de poulet dans une sauteuse avec 1 cuillerée à soupe d'huile. Enlevez le poulet, jetez la graisse et remettez les blancs dans la sauteuse. Ajoutez les oignons épluchés et émincés. Versez-y environ 50 cl d'eau pour que le tout soit juste recouvert. Amenez à ébullition, puis laissez mijoter à petit feu et à couvert pendant 20 min.

5 Préchauffez le four à th. 5/6. Faites cuire le riz préalablement rincé dans un cuiseur à riz. À défaut, faites-le cuire dans 60 cl d'eau salée, à feu très doux et à couvert. Le riz doit absorber toute l'eau.

6 Beurrez un plat à four de taille moyenne. Mettez la moitié du riz dans le fond du plat. Répartissez dessus la moitié du poulet et recouvrez avec la moitié du mélange carottes-amandes. Renouvelez l'opération et enfournez pour 30 min. Servez chaud.

# Salade de riz à l'ananas
## (Thaïlande)

**Préparation : 20 min • Cuisson : 20 min environ** • 300 g de riz thaï au jasmin • 250 g de filet mignon de porc • 1 petit ananas • 1 bouquet de coriandre • 2 bâtons de citronnelle • 1 citron vert • 1 cuil. à soupe de sauce de soja • 2 cuil. à soupe de sauce de poisson (épiceries asiatiques) • 1 gousse d'ail • 2 cuil. à soupe d'huile d'arachide • Sel, poivre

1 Faites cuire le riz le temps indiqué sur l'emballage. Égouttez-le et laissez-le refroidir.

2 Coupez le porc en fines lamelles. Mélangez la sauce de soja avec 1 cuillerée à soupe d'huile. Faites chauffer ce mélange dans un wok et ajoutez les lamelles de porc. Faites-les sauter pendant 2 min à feu vif, la viande doit être cuite. Enlevez du wok et réservez.

3 Épluchez et hachez l'ail. Épluchez la citronnelle et hachez le cœur. Lavez et séchez la coriandre. Épluchez l'ananas et coupez-le en petits morceaux.

4 Dans un saladier, mélangez l'huile restante avec le jus du citron vert et la sauce de poisson. Ajoutez l'ail, la citronnelle et la moitié de la coriandre ciselée. Mélangez bien. Ajoutez le porc, le riz, l'ananas ainsi que du sel et du poivre. Remuez bien l'ensemble et servez parsemé du reste de coriandre ciselée.

# Petites crèmes de riz glacées au café et à la cardamome

**Préparation : 15 min • Cuisson : 45 min environ • Congélation 15 min** • 60 g de riz rond complet • 50 cl de lait d'avoine (ou à défaut, de lait de vache) • 8 capsules de cardamome • 5 cuil. à soupe de sucre de canne • 3 cuil. à soupe de café fort • 10 cl de crème d'amandes (ou crème liquide)

1 Rincez le riz et placez-le dans une casserole. Ajoutez le lait ainsi que les capsules de cardamome et amenez à ébullition. Baissez ensuite le feu au maximum, couvrez et laissez cuire environ 45 min, en remuant de temps en temps. Le riz doit absorber tout le lait.

2 Versez le riz cuit dans un saladier. Ajoutez le sucre, la crème d'amandes et le café, mélangez et laissez refroidir.

3 Un quart d'heure avant de servir, placez les verres dans le congélateur. Servez glacés.

**Notre conseil :** Vous trouverez du lait d'avoine et de la crème d'amandes dans les magasins bio.

# Gâteau de riz au caramel

**Préparation : 20 min • Cuisson : 1 h 30 environ • Pour 4 à 6 personnes • Pour le riz au lait :** 100 g de riz rond • 1 l de lait • 5 cuil. à soupe de sucre • 1 gousse de vanille **Pour le gâteau de riz :** 3 œufs • 150 g de sucre • **Pour le caramel :** 100 g de sucre • Le jus de 1/2 citron • 1 cuil. à soupe d'eau

1 Faites bouillir le lait avec le sucre et la gousse de vanille fendue. Rincez le riz et jetez-le dans le lait en remuant. Laissez mijoter à tout petit feu environ 40 min. Le riz doit avoir absorbé tout le lait.

2 Préchauffez le four à th. 6. Préparez un bain-marie.

3 Récupérez la gousse de vanille, grattez les petites graines à l'intérieur avec un couteau et incorporez-les au riz. Séparez les blancs d'œufs des jaunes. Ajoutez au riz 150 g de sucre et les jaunes d'œufs. Battez les blancs en neige ferme et mélangez-les délicatement avec le riz.

4 Préparez le caramel : versez le sucre dans une casserole à fond épais. Ajoutez 1 cuillerée à soupe d'eau et laissez cuire sur feu moyen jusqu'à obtention d'un caramel ambré.

5 Enlevez du feu et versez-y d'un seul coup le jus de citron. Mélangez en inclinant la casserole. Versez le caramel dans un moule à charlotte en tournant celui-ci pour bien recouvrir le fond et les parois.

6 Versez le riz dans le moule en tassant bien. Placez le moule dans le bain-marie et enfournez pour 45 min. Laissez refroidir avant de démouler sur un plat.

# Riz au lait façon teurgoule

**Préparation : 10 min • Cuisson : 3 h • Pour 4 à 6 personnes** • 80 g de riz rond • 1 l de lait entier • 1 pincée de sel • 50 g de sucre • 1 cuil. à soupe rase de cannelle • 40 g de beurre • Cassonade

1 Préchauffez le four à th. 4. Faites bouillir le lait dans une casserole puis retirez-le du feu.

2 Mettez le riz dans un plat à four, ajoutez le sucre, le sel et la cannelle. Mélangez à la cuillère et arrosez du lait chaud.

3 Coupez le beurre en petits morceaux et répartissez-les sur le riz. Glissez le plat au four et laissez cuire environ 3 h.

4 En fin de cuisson, le riz doit avoir absorbé le lait et la surface de la teurgoule doit être bien dorée. Servez tiède avec de la cassonade.

# Petits clafoutis au riz et aux quetsches

**Préparation : 15 min • Cuisson : 1 h 10 environ** • 500 g de quetsches mûres • 50 g de riz rond • 1/2 l de lait entier • 1 pincée de sel • 60 g de sucre • 2 œufs • 30 g de beurre

1 Dénoyautez et coupez les quetsches en quartiers. Beurrez légèrement 4 moules individuels et répartissez-y les quetsches. Saupoudrez avec 40 g de sucre et laissez macérer.

2 Rincez le riz, versez-le dans une casserole et ajoutez le lait. Amenez à ébullition puis laissez cuire à tout petit feu et à couvert pendant 40 min. Remuez de temps en temps. Le riz ne doit pas complètement absorber le lait. Laissez tiédir hors du feu.

3 Préchauffez le four à th. 6/7. Dans un saladier, battez les œufs entiers avec le sucre restant. Ajoutez le riz tiède et mélangez bien. Versez la préparation sur les quetsches et lissez la surface des moules. Répartissez le beurre restant en petits morceaux sur les clafoutis. Enfournez pour 25 min environ, les clafoutis doivent être dorés. Dégustez tiède ou froid.

# Pommes rôties au riz complet, fruits secs et épices douces

**Préparation : 15 min • Cuisson : 1 h 35 environ** • 40 g de riz rond complet • 25 cl de lait • 2 belles pommes (reinette) • 4 cuil. à soupe de fruits secs hachés (dattes, figues, abricots) • 2 cuil. à soupe de sucre de canne roux • 2 pincées de cannelle • 2 pincées de cardamome • 2 pincées de girofle • 40 g de beurre

**1** Rincez le riz et mettez-le dans une petite casserole avec le lait. Amenez à ébullition, couvrez et laissez cuire tout doucement pendant 50 à 60 min. Remuez de temps en temps. En fin de cuisson, le riz doit avoir absorbé presque entièrement le lait. Laissez tiédir.

**2** Préchauffez le four à th. 5. Lavez les pommes, coupez-les en deux et enlevez les pépins en creusant avec une cuillère. Mélangez le riz cuit avec les fruits secs, le sucre et les épices.

**3** Remplissez généreusement les demi-pommes du mélange au riz et placez-les dans un plat à four. Coupez le beurre en petits morceaux et répartissez-les sur les pommes.

**4** Versez un petit verre d'eau dans le fond du plat et enfournez pour 45 min environ. Les pommes doivent être fondantes. Pendant la cuisson, arrosez les pommes plusieurs fois du jus de cuisson. Servez tiède ou froid.

**Notre conseil :** Un reste de riz au lait convient parfaitement pour cette recette.

# Salade de riz sauvage à l'ananas caramélisé

**Préparation : 15 min • Cuisson : 50 min environ** • 100 g de riz sauvage • 30 cl d'eau • 1 petit ananas de la Réunion • 40 g de beurre • 4 cuil. à soupe de sucre roux • 1 fève Tonka (ou 1 gousse de vanille) • 60 g d'amandes entières mondées

**1** Mettez le riz préalablement rincé dans une casserole et ajoutez l'eau. Amenez à ébullition, couvrez et laissez mijoter tout doucement pendant 45 min environ. Égouttez le riz cuit et laissez-le tiédir.
**2** Épluchez l'ananas et coupez-le en morceaux. Faites fondre le beurre dans une poêle à feu moyen. Quand le beurre grésille, ajoutez les morceaux d'ananas et saupoudrez-les de sucre.
**3** Râpez la fève Tonka au-dessus de la poêle et mélangez bien. Si vous utilisez de la vanille, fendez la gousse en deux, raclez les graines à l'intérieur et ajoutez-les dans la poêle.
**4** Augmentez le feu et faites revenir l'ananas en retournant les morceaux avec une spatule. Laissez légèrement caraméliser puis enlevez du feu.
**5** Faites dorer les amandes à sec dans une poêle et concassez-les grossièrement. Mélangez le riz, l'ananas et les amandes et servez encore tiède.

# Tarte au riz et aux agrumes

**Préparation : 20 min • Repos : 20 min • Cuisson : 1 h environ** • 150 g de farine • 1 pincée de sel • 75 g de beurre • 75 g de riz rond • 50 cl de lait • 1 œuf • 40 g de zestes d'orange confite hachés • 40 g de zestes de citron confit hachés • 40 g de cassonade • 1 goutte d'huile essentielle de citron

1 Mélangez la farine et le sel dans un saladier. Ajoutez le beurre coupé en petits morceaux et pétrissez rapidement pour obtenir une pâte presque homogène. Roulez la pâte en boule, enveloppez-la dans du film alimentaire et laissez-la reposer 20 min au réfrigérateur.

2 Rincez le riz et faites-le cuire 3 min à l'eau bouillante. Égouttez le riz dans une passoire puis mettez-le dans une casserole avec le lait. Amenez à ébullition, puis baissez le feu au maximum et laissez mijoter à couvert pendant 25 min. Remuez régulièrement. Enlevez du feu et laissez tiédir.

3 Préchauffez le four à th. 7. Posez la pâte sur le plan de travail légèrement fariné et aplatissez-la avec la paume de la main puis roulez-la de nouveau en boule. Répétez l'opération deux fois puis étalez la pâte dans un moule à tarte de 20 cm de diamètre environ.

4 Piquez le fond de tarte avec une fourchette, posez une feuille de papier sulfurisé par-dessus et couvrez-la de légumes secs ou de billes à pâtisserie si vous en avez. Faites cuire la pâte à blanc pendant 10 min. Ôtez les légumes secs et le papier et remettez le moule au four pour 5 min.

5 Mélangez le riz cuit avec l'œuf entier, les zestes d'agrumes, la cassonade et l'huile essentielle de citron. Versez cette préparation dans le moule et faites cuire pendant 15 à 20 min en baissant le th. à 6. Le dessus de la tarte doit être doré et pris.

**Notre conseil :** Vous trouverez l'huile essentielle de citron dans les magasins diététiques ou bio.

# Verrines de riz aux fraises

**Préparation : 15 min • Cuisson : 35 min environ** • 80 g de riz rond • 40 cl de lait entier • 1 gousse de vanille • 4 cuil. à soupe de sucre • 2 jaunes d'œufs + 1 blanc très frais • 250 g de fraises • 3 cuil. à soupe de miel d'oranger

1 Faites bouillir 50 cl d'eau dans une petite casserole. Ajoutez le riz préalablement rincé et laissez cuire 3 min à feu moyen. Égouttez le riz dans une passoire et remettez-le dans la casserole. Versez-y le lait ainsi que la gousse de vanille fendue et portez à ébullition sur feu moyen. Dès que le lait bout, baissez le feu au maximum et laissez cuire environ 35 min à couvert, en remuant de temps en temps. Le riz doit être tendre et avoir absorbé le lait.

2 Récupérez la gousse de vanille et, à l'aide d'un petit couteau, grattez les petites graines à l'intérieur et mélangez-les au riz. Incorporez les jaunes d'œufs et laissez refroidir. Battez le blanc d'œuf en neige et incorporez-le délicatement au mélange précédent.

3 Rincez rapidement les fraises, séchez-les et enlevez les pédoncules. Coupez deux fraises en lamelles et réservez-les. Concassez grossièrement les fraises restantes et versez-les dans un saladier. Ajoutez le miel et mélangez.

4 Répartissez la moitié du riz dans 4 verres à pied et couvrez avec la moitié des fraises concassées. Ajoutez une couche de riz et terminez par une couche de fraises. Décorez de lamelles de fraises et gardez au frais jusqu'au moment de servir.

# Index des recettes




Achevé d'imprimer
en octobre 2008 sur les presses
de Maury Imprimeur.
Imprimé en France.